La complessità del colloquio insegnante-genitori

DANIELA MAGNO

INTRODUZIONE

1)Perchè la complessità

La scienza moderna, per intendersi, dal dopoguerra ad oggi, si è lasciata contaminare dall'incertezza, dalla confusione, dalla contraddizione; ha abbandonato i comodi percorsi tracciati dalla certezza, dall'onniscienza, dalla completezza, dall'esaustività, per "un approfondimento dell'avventura della conoscenza". ("La sfida della complessità"-pag.8)

"La scienza della complessità è una scienza a un tempo del generale e del particolare, dell'ordine e del disordine, del necessario e del contingente, 'del ripetibile e dell'irripetibile". (op. cit. pag.31)

Pionieri di questa avventura sono stati N. Wiener, J. von Neumann, W. Ross Ashby, G. Bateson, J. Piaget, H. Maturana, H. von Foerster, ch~ partendo da discipline diverse, hanno avuto il grande merito di guardare ai vari problemi con una ottica transdisciplinare, sistemica, complessa, appunto. La complessità si pone "all'intreccio di tutta una serie di problemi tecnici, tecnologici, epistemologici,filosofici, antropologici". (op. cit. pag. 9)

Ma cos'è la complessità? Naturalmente, se la si potesse definire in maniera chiara, per dirla con Morin (op.cit.pag.49) già non sarebbe più tale. Possiamo dire tuttavia, che essa si presenta come difficoltà e come incertezza, non come chiarezza e come risposta. La complessità è quindi, un ostacolo,e di conseguenza una sfida.

"Parlare di sfida della complessità significa prendere sul serio il fatto che non solo possono cambiare le domande, ma possono cambiare anche i tipi di domande...". (op.cit. pag.2).
La scoperta della complessità, o meglio,delle complessità non significa dunque scoprire una risposta, quanto "risvegliare un problema".

E' la multidimensionalità una delle parole-chiave di questo approccio; perchè multidimensionale è la conoscenza, multidimensionale è il pensiero, multidimensionale è la realtà. E'per questo lecito chiedersi se la complessità ha un metodo. Risponderemo con le parole di Morin:"La complessità non ha una metodologia ma può avere un proprio metodo. Il metodo è una sorta di appunti preliminari, una sorta di promemoria.

Il metodo della complessità ci richiede di pensare senza mai chiudere i concetti, di spezzare le sfere chiuse, di ristabilire le articolazioni tra ciò che è disgiunto, di sforzarci di comprendere la multidimensionalità, di pensare con la singolarità, con la località, con la temporalità, di non dimenticare mai le totalità integratrici".(op. cit. pag.59) Tale metodo trova la sua giusta applicazione in ogni disciplina: dalla fisica alla chimica, dalla genetica alle scienze umane.

Si aprono, quindi, anche per la filosofia, la psicologia, la sociologia, nuove frontiere, caratterizzate da un approccio che sa accogliere nel suo seno, come migliori alleati: la messa in relazione di molteplici dimensioni, la circolarità del soggetto e dell'oggetto, la reintegrazione in un sistema dell'osservatore.

Questo è uno dei motivi per cui questa nuova epistemologia è piaciuta molto ai terapisti della famiglia: "Chiunque nel processo di terapia della famiglia entri a far parte del gruppo familiare diventa un elemento di quel gruppo ed è soltanto il suo intervenire dentro il gruppo che consente di produrre un cambiamento nelle relazioni fra i membri della famiglia". (op. cit. pag.123)

Ed è anche uno dei motivi per cui questo approccio è stato scelto nel nostro lavoro: nell'incontro tra il sistema-scuola e il sistema-famiglia, non si può prescindere dalla circolarità tra osservatore e sistema osservato.

Nuove ed interessanti considerazioni sui "punti di vista" provengono, per chi si occupa di relazioni umane,dalla "scienza nuova".

Gli spostamenti dei punti di vista e degli osservatori provocano una ristrutturazione dei tipi di sistemi, dei tipi di dinamiche, della natura delle interazioni in considerazione. Questo significa il riconoscimento dell'irriducibile pluralità dei punti di vista, nella definizione e nella costruzione di un sistema, il riconoscimento dell'irriducibile molteplicità dei sistemi, il riconoscimento del fatto che ogni sistema è un vero e proprio plurisistema.

Gli osservatori, i punti di vista(i sistemi)sono vicarianti, nel senso che lo spostamento dell'osservatore provoca una ristrutturazione nella considerazione delle dinamiche in gioco in un sistema stratificato. Non si dà un punto di osservazione onnicomprensivo ed esterno in grado di superare la vicarianza dei punti di vista." (op.cit. pag.32)

In questo lavoro, volutamente, si privilegia il punto di vista dell'insegnante, ma si è cercato di non dimenticare quello che Maruyama definisce "trans-spezione":"mettersi. nella testa di un altro senza ridurre la logica dell'altro alla propria logica, e lasciare che l'altro compia un'analoga operazione di "trans-spezione" nei nostri confronti". (op. cit. pag. 39) Questi processi fanno circolo e non si danno indipendentemente l'uno dall'altro. In sintesi, "una mappa del sapere non è data dall'alto, non è data in anticipo: non si può sorvolare neppure un momento a volo di uccello il territorio delle conoscenze nella sua totalità. Siamo inevitabilmente e costitutiva mente all'interno del territorio, e dall'interno apriamo e percorriamo sentieri, raggiungiamo regioni diverse e progressivamente ci figuriamo, disfiamo e nuovamente disegniamo le nostre mappe". (op.cit. pag.43)

Da tutto quello finora esposto si deduce che la complessità, richiede strategia, altra parola—chiave, di questo approccio. Infatti, solo con la strategia possiamo inoltrarci entro ciò che è incerto ed aleatorio.

"La strategia è l'arte di utilizzare le informazioni che si producono nell'azione, di integrarle, di formulare in maniera subitanea determinati schemi di azione e di porsi in grado di raccogliere il massimo di certezza per affrontare ciò che è incerto". (op . cit. pag.59)

Per risolvere i problemi interpersonali, di cui il rapporto genitori—insegnanti costituisce una parte, è necessario sta- bilire un dialogo fra le nostre menti.

"Se vogliamo avere ancora la speranza che si producono dei miglioramenti e dei cambiamenti nei rapporti fra gli esseri umani, allora questo grande salto storico e di civiltà com- porterà anche il salto verso il pensiero della complessità". (op. cit. pag. 60)

2)Perchè il rapporto insegnante-genitori

Siamo convinti del fatto che chiunque lavori come operatore sociale: insegnante, pedagogista, psicologo, o più propriamente psicoterapeuta, esercita un'influenza sullo studente, il pa- ziente o comunque la persona che richiede un intervento che va al di là della semplice informazione; ciò implica un'accurata riflessione su come questo rapporto si stia sviluppando e che tipo di conseguenze le proprie risposte possono avere sul comportamento dell'individuo con cui si è entrati in contatto. L'approfondimento della "dimensione personale" nelle relazioni umane, sta diventando sempre più importante in un momento in cui si va diffondendo la convinzione che la psicologia non debba limitarsi ad intervenire solo quando le persone sono afflitte da disturbi o da problemi psichici.

In genere anche la relazione insegnante-genitori, come quella tra cliente—terapeuta, è una relazione d'aiuto, in cui si sviluppa una strategia che conduce alla risoluzione di un problema.

Gli stessi stadi proposti dal Gazda, per condurre una consulenza ci sembrano appropriati e, quindi, estendibili alla relazione insegnante-genitori:

- definizione e descrizione dell'area del problema;

- definizione e descrizione delle indicazioni o scopi dettati
  dall'area del problema;

- analisi delle dimensioni critiche di queste indicazioni;

- considerazione di piani alternativi di azione disponibili per
  raggiungere le dimensioni riguardanti le indicazioni e gli
  scopi;

- considerazione di vantaggi e svantaggi dei piani alternativi
  di azione;

- la preparazione di programmi specifici;

- applicazione progressiva dei programmi previsti".(Gazda-Svi luppo delle relazioni umane"- pag.42)

Ma se ci sono delle assonanze è pur vero che ci sono delle differenze.

Il rapporto insegnante-genitori ha sullo sfondo l'istituzione scolastica: non si può dimenticare il contesto in cui si sta operando e il ruolo che in quel momento si sta rivestendo. L'insegnante, insieme ai genitori, sarà impegnato a risolvere quegli aspetti di un problema , che più influenzeranno la formazione di un alunno.

Il contesto terapeutico ha una sua struttura che prevede orari fissi, incontri settimanali prestabiliti,un onorario preciso, che possono sì essere diversificati a seconda del cliente, ma che restano, comunque, come punti di riferimento.

Il colloquio insegnante-genitori è meno strutturato, può essere stato sollecitato sia dall'uno che dall'altro, può risolversi in un solo-incontro, ha tempi più dilatati e più flessibili e, naturalmente, essendo un momento intrinseco alla professione-docente, non prevede compensi aggiuntivi per l'insegnante.

In definitiva, crediamo che la chiarezza degli obiettivi e l'attenzione al contesto siano già di per sè garanzia per una felice risoluzione di un problema.

PREMESSA

La scuola è senz'altro un'istituzione complessa.

Primaditutto perchè è inserita in una società più ampia, a sua volta complessa, in secondo luogo perchè, come tutte le organizzazioni sociali, è al tempo stesso:
- acentrata (interazioni spontanee);
- policentrica (numerosi centri di controllo);
- centrata (centro di decisione)

Anche al rapporto scuola-società può essere applicato il principio ologrammatico, preso in prestito dalla fisica. In breve, non solo la parte è nel tutto, ma anche il tutto è nella parte (la scuola è nella società, ma la società è nella scuola). Quindi, l'istituzione—scuola ha il ruolo, insieme alla famiglia , di insegnare ai bambini le prime necessità sociali, di trasmettere in essi la cultura dominante.

Ne consegue che anche la professione—docente è complessa in quanto inserita in una parte di un tutto "complesso". La complessità sta proprio nell'andare, per comprendere i vari problemi, dalle parti al tutto e dal tutto alle parti. Più specificatamente, dal bambino alla famiglia e di nuovo dalla famiglia al bambino in un'ottica di circolarità, di movimento, che deve necessariamente sostituire le spiegazioni lineari, di tipo causa-effetto, che si sono rivelate inefficaci ed estremamente riduttive.

E' nel gestire il rapporto scuola-famiglia, che la complessità della professione-docente viene fuori in maniera evidente soprattutto perchè esso non è chiaro, preciso, esatto, e quindi "inscatolabile" nella gabbia della razionalizzazione. Per affrontarlo va usata la strategia, perchè, come dicevamo nell'introduzione,"solo la strategia può consentirci di avanzare entro ciò che è incerto ed aleatorio".("La sfida..." pag. 59)

Senza perdere di vista, naturalmente, il principio ologrammatico

che "calato" in questa specifica situazione, potrebbe essere tradotto in questi termini: l'insegnante è esso stesso parte del sistema e,di conseguenza, non può rimanere un freddo e distaccato osservatore; dal momento in cui si occupa di un bambino entra a far parte di un sistema più ampio, solo dall'interno del quale può riuscire ad ottenere dei risultati.

Un grande ostacolo, più di tutti, deve essere,in questo caso,
superato: la consapevolezza; a volte, infatti, non vediamo di non vedere, non sappiamo di non sapere e, soprattutto, siamo inconsapevoli dell'incompletezza del nostro punto di vista.

1° CAPITOLO

PASSI ED "IMPASSE" NELLA CONDUZIONE DEL RAPPORTO SCUOLA-FAMIGLIA

In questo parte, mi soffermerò sul mio vissuto di insegnante della Scuola primaria,relativamente al rapporto scuola—famiglia, su quali state sono le mie esperienze e le conseguenti riflessioni.

Innanzitutto, bisogna distinguere, nel rapporto scuola—famiglia, due livelli: uno più burocratico, formale, sancito dai Decreti Delegati, che nel 1974 hanno istituzionalizzato la partecipazione dei genitori alla vita della scuola. Fino a che punto i D.D. siano ancora validi, fino a che punto questa partecipazione abbia oltrepassato i confini della forma per trasformarsi in un momento di collaborazione fattiva e concreta, sono dubbi che si insinuano oggi tra gli operatori scolastici, ma il cui approfondimento va rimandato in un'altra sede, anche per gli aspetti legislativi e istituzionali coinvolti.

L'altro livello,riguarda il rapporto diretto che ogni insegnante ha con i genitori, nei quali si "parla" del rendimento scolastico del bambino e degli eventuali problemi ad esso legati.

Un primo problema che si trova ad affrontare l'insegnante è proprio quello di tenere separati questi due livelli,per non ingenerare equivoci e malintesi, dalle ovvie conseguenze.

Accade spesso, infatti, che un genitore, in sede di un consiglio di interclasse, dimentichi di essere in quel contesto in rappresentanza degli altri genitori della classe e prospetti problemi particolari, riguardanti suo figlio.

Questo esempio, ci apre la strada verso un altro problema la mancanza di collegamento tra i genitori stessi, i quali non mettono in comune le loro esperienze particolari, dalle quali desumere problemi di carattere più generale.

Il rappresentante dovrebbe essere il "trait d'union" tra i genitori e la scuola, ma proprio per il problema di cui sopra, finisce il più delle volte per rappresentare solo se stesso.

I problemi inerenti al rapporto diretto insegnante—genitori sono più complessi e variegati ed è di questo che ci occuperemo nei prossimi paragrafi.

l.l."Quando i genitori non ci sono..."

A volte, capita che gli incontri scuola-famiglia, in genere bimestrali, siano disertati da alcuni genitori.

In genere questo atteggiamento provoca nell'insegnante un senso di frustrazione e di impotenza che lo porta a rifugiarsi nel solito:"Questi genitori non si interessano mai all'educazione dei propri figli!"

D'altro canto, è possibile che i genitori siano stati spinti a non partecipare da un altro diffuso luogo comune:"Ma che vogliono queste maestre? Io ho da lavorare e non ho tempo per fare chiacchiere!" Come recuperare questa situazione? Come aprire un varco tra queste due posizioni di chiusura? Un primo passo che secondo me dovrebbe essere mosso dall'insegnante è di non considerare la non—partecipazione, come una svalutazione nei propri confronti e di chiedersi se ha in suo possesso strumenti alternativi per richiedere il colloquio con dei genitori, con i quali ha bisogno di conferire. Per esempio, potrebbe chiedere l'intervento del Dirigente il quale, con una sua lettera, potrebbe invitare, in maniera più decisa i genitori "disertori" ad un incontro con gli insegnanti.

O, comunque, si potrebbe approfondire il problema, verificare se ci sono delle reali difficoltà di orario. Ma, è questo quello che ho notato, si tende ad usare la non—partecipazione, come un alibi, dietro il quale nascondersi sia per problemi a dialogare con i genitori stessi, sia perchè l'assenza dei genitori ci autorizza ad assumere un atteggiamento vittimistico ("Ah! Siamo abbandonati a noi stessi!") così diffuso nei corridoi delle nostre scuole.

1.2.   Spazi e tempi

Gli incontri scuola-famiglia, dicevo prima, sono stabiliti dal Collegio dei docenti, con cadenza più o meno bimestrale. Fuori da questo contesto non è possibile incontrare i genitori, a meno che non ci si affidi alla buona volontà dell'insegnante!

Infatti, nella scuola elementare, dove forse più di ogni grado si necessita di un costante scambio tra famiglia e scuola, non sono previsti spazi, nell'arco della settimana nei quali un genitore possa parlare con l'insegnante, anche perchè, per impegni improrogabili, potrebbe essere stato impedito a partecipare ad una riunione bimestrale. Teoricamente, chi "salta" un incontro deve aspettare altri due mesi prima di poter parlare con un insegnante, oppure deve appostarsi all'entrata o all'uscita per bloccarlo e chiedergli al volo: "Come va mio figlio?", con grande imbarazzo reciproco.

Mancando spazi temporali mancano ovviamente anche gli spazi fisici, nei quali poter parlare con riservatezza con i genitori. Infatti, quelle rare volte che, di fronte ad un problema urgente, si convoca un genitore di mattina, magari in un'ora libera dall'attività didattica, spesso non si ha che il corridoio o l'atrio come luoghi privilegiati per parlare, autorizzando così anche i bidelli, che passano lì per caso (?) ad intervenire al discorso ed eventualmente a dare il loro contributo! (Sistema che si fa sempre più complesso!)

Per quanto riguarda gli incontri bimestrali, c'è un'altra difficoltà, sempre inerente al fattore-tempo: in due o al massimo tre ore si concentrano i colloqui con le famiglie di una intera classe, che può avere anche 25/27 alunni.

Questo vuol dire che ogni genitore ha a disposizione cinque minuti circa. Si ha quasi l'impressione di essere in una catena di montaggio!

1.3. "Partita di ping-pong"

Finora ho prospettato problemi tecnici-organizzativi, legati al rapporto scuola-famiglia, che, comunque, lungi dall'essere dettagli, sono secondo me l'espressione di disagi ben più profondi. Dopo aver ottenuto la presenza dei genitori, dopo aver recuperato, in qualche modo, spazi e tempi, cosa avviene? Cosa scaturisce dal confronto genitore-insegnante? Cosa si dicono? Come lo dicono?

Anche in questo caso, nel rispondere a questi interrogativi mi appellerò a quella che è la mia esperienza, senza la pretesa di generalizzazioni ed oggettivazioni.

1.3.a

Una prima difficoltà riguarda il linguaggio; spesso gli insegnanti usano un linguaggio tecnico, specifico, che non vie ne compreso dai genitori, i quali, a questo punto, hanno due alternative: andarsene con una sensazione di frustrazione, oppure, dopo aver ascoltato per un bel pò l'insegnante, rivolgergli la fatidica domanda:"Sì, va bene, ma mio figlio come va?" Con grande frustrazione, questa volta da parte dell'insegnante, che si accorge di aver parlato a lungo e di non essere stato compreso.

1.3.b

Durante il colloquio, più di una volta ho avuto l'impressione che,arrivati ad un certo punto, si cominciasse a parlare a ruota libera, senza più distinzioni di ruoli, senza un preciso scopo, senza seguire una griglia di riferimento.

Le mamme cominciano lamentarsi della mole di lavoro che hanno a casa, del poco tempo che hanno, quindi, per seguire i figli.

Gli insegnanti, a loro volta, che spesso sono anch'esse "mamme", capiscono troppo bene questi problemi di organizzazione quotidiana e, simbolicamente, battono una mano sulla loro spalla, in segno di una complicità e solidarietà, tutte femminili.

Sembra quasi di stare nella sala d'attesa di uno studio medico o di una parrucchiera.

E' dopo, finito il colloquio, che, di sicuro l'insegnante e, forse, anche il genitore, prova una sensazione di impotenza,di frustrazione:"Quanti problemi, quante difficoltà, ma cosa posso fare di fronte a tutto ciò? (Non dimentichiamoci che impotenza ed onnipotenza, vanno paradossalmente, quasi sempre insieme).

E anche:"Certo, di tutto abbiamo parlato, ma del bambino, in pratica cosa abbiamo detto?"

l.3.c

A volte, durante un colloquio, l'insegnante si sente colto di sorpresa dal"genitore—maestro".

Lo si individua facilmente:è quello che, senza far proferire parola al docente, esordisce dicendo:"Sì lo so, lo so, i problemi di mio figlio quali sono..." e comincia ad elencarli, prospettando egli stesso i possibili rimedi. E questo accade sia in riferimento a problemi di ordine didattico che a quelli comportamentali.

Cosa fa l'insegnante di fronte a "genitori—maaestri"? La reazione più immediata è quella di irrigidirsi, appellandosi al proprio status professionale:"Sono io l'insegnante!" con una conseguente chiusura.

In un secondo momento, a razionalizzazione avvenuta, si dilun-gherà sul perchè ha scelto quel certo percorso didattico o quel certo atteggiamento più che un altro, rivendicandone la giustezza, con un'arringa difensiva e giustificatoria. In ogni caso, si perdono di vista il bambino e i suoi problemi specifici.

l.3.d

Quando all'inizio parlavo di "partita di ping-pong", mi riferivo metaforicamente ad un'altra esperienza che ho vissuto all'interno di un colloquio tra insegnante e genitore. Spesso si ha l'impressione che i problemi del bambino rimbalzino da una istituzione all'altra, cioè dalla famiglia alla scuola e viceversa, in un processo lineare che potrebbe continuare all'infinito, senza apportare nessun contributo alla risoluzione dei problemi specifici.

Quando un genitore viene invitato a seguire di più il figlio a casa, non è raro che egli risponda:"E perchè mai, visto che sta tante ore a scuola?"

D'altro canto l'insegnante ritiene che la propria opera senza la collaborazione della famiglia non possa dare i suoi frutti, e allora scatta questo meccanismo di delega reciproca, che potrebbe essere anche definito, in modo poco ortodosso, "scaricabarile".

In conclusione, è interessante notare come in ognuno degli esempi su riportati ci siano delle costanti, che potrebbero essere così sintetizzate: chiusura, incomunicabilità, linearità, condite da teorizzazioni, razionalizzazioni e frustrazioni, inconcludenza e riduttività.

2° CAPITOLO

IL MODELLO SISTEMICO E IL COLLOQUIO INSEGNANTE -GENITORI

2.1.

Prima di entrare nel vivo dell'argomento di questo capitolo, mi sembra opportuno soffermarmi su quali sono le basi su cui fondare il colloquio insegnante—genitore. Basi che prendiamo in prestito da studi condotti sul rapporto cliente-terapeuta in quanto riteniamo che in ogni "relazione d'aiuto", prima ancora di risolvere problemi specifici, sia necessario costruire una base su cui lavorare.

Le"dimensioni facilitanti", per dirla con Gazda, che in una prima fase potranno essere utili all'insegnante per creare un clima positivo e collaborativo sono le seguenti:empatia, rispetto e cordialità.

"Mettersi nei panni dell'altro", "vedere attraverso gli occhi dell'altro", sono questi i modi più diffusi e senz'altro più azzeccati con i quali si definisce l'empatia. Essa è la dimensione prioritaria in un processo di aiuto: se non riusciamo a capire l'altro, non possiamo neanche aiutarlo.

"L'ascolto empatico consiste nell'essere aperto di fronte ai messaggi dell'altro, nell'impegnarsi a comprendere l'emittente e i suoi messaggi dal suo punto di vista. Per contro non si assume un atteggiamento di ascolto empatico quando si antepone al momento della comprensione dei messaggi un comportamento di selezione e di analisi di essi. Quando, cioè, si misura con i propri schemi di riferimento, con i propri parametri, con i propri valori, ciò che l'altro ci sta comunicando.

L'ascolto empatico, quindi, non è direttivo e comporta un'attenzione centrata sull'emittente". ("Comunicazione interpersonale"— pag.65)

Le conseguenze positive dell'ascolto empatico finiscono così per riflettersi sull'interazione stessa, che diventa un momento di crescita per entrambe le persone coinvolte. In nome di quel processo di circolarità di cui parlavamo all'inizio di questo lavoro, attuando un tipo di ascolto empatico, si aumenta la fiducia dell'emittente, che quindi, sarà incoraggiato, da un lato, a proseguire la comunicazione e dall'altro a realizzare, a sua volta, nelle sue relazioni, un tipo di ascolto empatico.

Il rispetto, altra dimensione facilitante, si sviluppa mano a mano che comprendiamo l'unicità e le capacità delle persone che abbiamo di fronte. "Non possiamo aiutare una persona se non abbiamo fiducia nella sua capacità di risolvere i problemi". ("Sviluppo... "pag.35)

La cordialità o il prendersi cura di una persona è connessa all'empatia e al rispetto: più comprendiamo (empatia), più abbiamo fiducia (rispetto), maggiormente ci sentiremo "preoccupati" per una persona. La cordialità è trasmessa soprattutto da canali non verbali, anzi diremo che è proprio "l'espressione fisica dell'empatia e del rispetto". ("Sviluppo..."pag.131)

Durante un colloquio, la comprensione, l'interessamento saranno avallati dai gesti, dall'atteggiamento del corpo, dal tono della voce."Quando i messaggi non verbali e quelli verbali sono in contraddizione, il richiedente di solito, crede al messaggio non verbale".

2.2.

Per motivi di studio, ad un certo punto ho dovuto approfondire le tematiche inerenti la terapia familiare. Ed è stata un'esperienza sconvolgente!

La sensazione di impotenza e di frustrazione che sentivo aleggiare intorno a me, durante il colloquio con i genitori, non dipendeva, dunque, da miei problemi personali (o almeno non solo!) ma era l'unica risposta possibile di chi è profondamente ignorante su argomenti quali: teoria dei sistemi, cibernetica, omeostasi, feed-back, ridefinizioni…

Ma non è solo il senso di "liberazione" di chi scopre che ci sono nozioni, teorie che possono supportarla nel proprio lavoro e alle quali attingere nei momenti di difficoltà.

E' lo scoprire che c'è un modo nuovo di considerare gli individui, i loro problemi, che di per sé è benefico, è l'incontro con la sofferenza di alcune famiglie, le cui sedute sono riportate come esempi, che di per sè è arricchente; è la consapevolezza che anche dietro gli interventi che sembrano magici c'è sempre una struttura chiara e precisa, che di per sè è stimolante.

All'interno della terapia familiare sono individuabili diverse "scuole". Sinteticamente esse sono riconducibili a tre, in base alla classificazione realizzata da Katia Giacometti:

-posizione Supra-individuale (Watzlawick/ Haley/ Selvini-
 Palazzoli);

-posizione Supra-individuale-Individuale (Minuchin/ Andolfi)

-posizione Individuale-Supra—individuale (Bowen / Whitaker).

a)Posizione Supra—individuale: abbracciano questa posizione quei terapisti che scelgono come oggetto privilegiato di riferimento e di analisi l'unità supra-individuale, cioè la famiglia rinunciando ad analizzare l'individuo in sè.

b)Posizione Supra-individuale-Individuale: tali terapeuti considerano la famiglia un sistema aperto, capace di auto-governarsi, in costante trasformazione, con propri confini interni ed esterni. Da questa posizione sono tenuti in considerazione sia la famiglia che l'individuo, in quanto si parte dal presupposto che esiste un rapporto di circolarità tra individuo e ambiente.

In questo modo l'area di azione del terapeuta si allarga, egli potrebbe, infatti, decidere di coinvolgere anche sistemi esterni (ad es. la scuola).

In quest'ottica, qual è il ruolo del terapeuta? Egli è innanzitutto considerato parte integrante del processo terapeutico. E "dal di dentro" egli tenterà di "sconvolgere i vecchi schemi e di sostenere, contemporaneamente, la creatività del sistema e di ogni singolo membro".("Terapia familiare: un modello di sviluppo e una proposta di classificazione"- pag.19)

c) Posizione Individuale-Supra—individuale: appartengono a questa posizione quei terapisti, il cui linguaggio si avvicina al modello psicoanalitico. E' sì importante la famiglia, ma solo in funzione del fatto che ogni persona è il frammento di un gruppo familiare. Quindi, nel "gioco" figura-sfondo è l'individuo ad essere in primo piano, mentre la famiglia si staglia sullo sfondo.

Dalla,seppur breve,analisi di queste tre posizioni, risulta che la posizione Supra-individuale-Individuale è quella che più congruamente si incastra con l'impostazione di base data a questo lavoro, in quanto "introduce complessità, riproponendo il problema dello studio e dell'approfondimento del livello individuale sia nel sistema familiare che nel sistema terapeutico". ("Terapia.. ."— pag. 28)

Per dirla con Ugazio, questo tipo di approccio va oltre l'uguaglianza mente=scatola nera, e dando vita a quella che vie ne definita la seconda cibernetica ribadisce, altro concetto—chiave per il nostro lavoro, che "la terapia è un processo grazie al quale paziente e terapeuta co-creano, attraverso la loro interazione, una nuova realtà di significati, e di pattern comportamentali, che consente alla famiglia di riorganizzarsi secondo modalità più funzionali". ("Oltre la scatola nera" Ugazio)

Quindi,l'osservatore non si pone al di fuori del sistema osservato, ma ne è esso stesso parte integrante.

2.3.

E' legittimo, a questo punto chiedersi: come tutto ciò può essere utilizzato da un insegnante?

Il contributo dell'articolo della Giacometti, oltre che per certe sottili classificazioni dirette esclusivamente agli addetti ai lavori" potrebbe essere proposto agli insegnanti tradotto in questi termini.

a)Esiste un sistema familiare, con una propria storia, con una struttura ben precisa,

con delle regole già stabilite, di cui il bambino-alunno è parte integrante.

Quindi, nel considerare i problemi del bambino non si può prescindere dal

sistema di cui fa parte.

Come avvicinarsi al nucleo familiare?

Abbiamo già visto come l'atteggiamento più diffuso sia quello di colpevolizzare

completamente il nucleo familiare:"Con una famiglia così..." che ha come

conseguenza più immediata la resa da parte dell'insegnante.

E' come se l'insegnante cercasse nella famiglia la giustificazione ai propri

insuccessi, con un'ottica del tutto lineare e riduttiva.

E' difficile, pressocché impossibile, primaditutto perché l'insegnante non è stato abituato a focalizzare (per carenze intrinseche alla sua formazione), attraverso puntuali osservazioni, i vari problemi dell'alunno e, di conseguenza, non avendoli ben presenti non riesce,durante il colloquio con la famiglia a raccogliere quelle informazioni, quei suggerimenti che gli sarebbero, in un secondo momento utili per approntare una qualsiasi strategia.

b) Esistono nei diversi approcci descritti da K. Giacometti, vari modi di porsi del terapeuta di fronte alla famiglia problematica. A volte è un distaccato osservatore, a volte entra in gioco con tutta la sua personalità e creatività.

E' così anche per l'insegnante? Certamente, nel momento in cui egli si "imbatte" in un nucleo familiare, può decidere di "muovere le fila" dal di fuori, o d'accordo con le tesi della nuova epistemologia, sulle quali mi sono soffermata nella introduzione, essere parte integrante del contesto che si sta osservando, mettendo, quindi, in gioco, anche le proprie emozioni, le proprie intuizioni, lasciandosi a sua volta cambiare da questo incontro.

Al di là di questo, è comunque importante che l'insegnante sia sempre consapevole del ruolo che sta giocando e del fatto che egli non è una figura "neutrale, nel senso di ininfluente, nei confronti del contesto familiare al quale si è avvicinato.

Entrambi questi suggerimenti, mutuati dalla terapia familiare ci inducono ad un'unica conclusione: il colloquio con i genitori va condotto con il supporto di una struttura, di una griglia di riferimento, con l'ausilio,insomma, di alcuni principi-base.

2.4.

Sempre estrapolando da studi condotti in ambiti di terapia familiare, due principi più degli altri potrebbero essere utili all'insegnante per la conduzione di un colloquio con la famiglia, e sono: l'ipotizzazione e la circolarità.

Per ipotizzazione si intende la capacità di formulare un'ipotesi fondata su informazioni che si possiedono. Significa, in altre parole, muoversi sempre con una struttura teorica in testa.

Nello stesso tempo, è importante sapersi sganciare da un'ipotesi, nel momento in cui essa si rivelerà errata e riformularne di nuovo un'altra.

Nell'articolo di Selvini-Palazzoli—Boscolo—Cecchin-Prata ("Ipotizzazione, circolarità, neutralità: tre direttive per la conduzione della seduta"- in "Terapia familiare" — 1980-n°7) si afferma che "un'ipotesi non è nè vera nè falsa, ma solo più o meno utile. Anche un'ipotesi che alla verifica risulti errata è comunque apportatrice di informazioni in quanto consente di escludere un certo numero di variabili che erano sembrate possibili".

Naturalmente, se l'insegnante vorrà avere una visione globale del nucleo familiare, nel quale è inserito "l'alunno con difficoltà", formulerà un'ipotesi"sistemica", concernente, cioè, il funzionamento relazionale di tutta la famiglia. In conclusione, affrontare un colloquio con una famiglia muniti di un'ipotesi , consente agli insegnanti di prendere l'iniziativa, di procedere con ordine, di regolare, di interrompere, di guidare, evitando di essere sommersi da un mucchio di chiacchiere sprovviste di valore informativo. "Per circolarità si intende la capacità del terapista (leggi insegnante) di condurre la sua investigazione basandosi sulle retroazioni della famiglia alle informazioni da lui sollecitate in termini di rapporti". ("Ipotizzazione, circolarità, neutralità….)

La circolarità, in altri termini, è la consapevolezza di poter ottenere dalla famiglia autentiche informazioni solo se si lavora con questi fondamenti:

- l'informazione è una differenza

- la differenza è un rapporto.

Ciò significa che l'interlocutore, sia esso terapeuta, sia esso insegnante, deve compiere uno sforzo grandissimo per liberarsi dai condizionamenti linguistici e culturali che lo fanno pensare esclusivamente in termini di "cose".

E' necessario riscoprire, e qui riportiamo una frase di Bateson, citata dalla stessa Selvini—Palazzoli nell'articolo di cui sopra, "la profonda verità secondo cui pensiamo unicamente in termini di rapporto".

Ma per lavorare in termini di complessità è anche utile indagare in che modo una relazione diadica è vista da un terzo. Poniamo che il problema sia il rifiuto di andare a scuola di un bambino, per meglio raccogliere informazioni, soprattutto nei primi colloqui, l'insegnante potrà indagare:

a)   in termini di comportamenti interattivi

ESEMPIO-INS.(rivolto al papà):"Quando suo figlio la mattina si
rifiuta di andare a scuola, sua moglie che fa?"

b)   in termini di differenze

ESEMPIO-INS. (rivolto al bambino):"Quando ti rifiuti di andare a
scuola, chi si inquieta di più, la mamma o il papà?"

c)   in termini di graduatoria

ESEMPIO-INS. (rivolto alla mamma):"Chi riesce a convincere Marco
ad andare a scuola la mattina, quando lui non vorrebbe? Mi
faccia una graduatoria. (Tale richiesta di classificazione è
molto importante come fonte di informazioni, sia per quanto
 concerne la diversa posizione dei vari membri " nel gioco
familiare", sia per l'eventuale comparsa di discrepanze tra le
varie classificazioni.

d) in termini di mutamento

ESEMPIO-INS. (rivolto alla madre):"Marco ha cominciato a rifiutarsi di andare a scuola prima o dopo che il papà si ammalasse?"

e) in termini di differenza rispetto a circostanze ipotetiche

ESEMPIO-INS.(rivolto prima al papà a poi alla mamma) "Se per ipotesi, potreste avere a casa uno dei vostri figli per tutta la giornata, chi scegliereste?"

CONCLUSIONI

1.

Nel presente lavoro sono stati messi in luce due tipi di strumenti utilizzabili dall'insegnante nel corso del colloquio con i genitori: uno epistemologico e uno pratico.

Il primo è senz'altro utile come punto di partenza, come riferimento, come scelta "filosofica", in definitiva come ottica con la quale guardare le varie situazioni problematiche alla luce della complessità e della non-banalità.

Per quanto riguarda l'aspetto pratico abbiamo chiamato in causa i lavori di Gazda e della Selvini-Palazzoli, in quanto sembrano incastrarsi bene alla matrice di riferimento.

Gazda ci dà gli strumenti basilari per avviare un colloquio in maniera costruttiva ed efficace.

Il contributo della Selvini—Palazzoli, una volta che il col= loquio è stato avviato, consente all'insegnante di proseguire l'indagine "strategicamente" e in modo mirato. Diversi sono i punti di contatto tra questi due tipi di strumenti (quello epistemologico e quello pratico). Maruyama,nella "Sfida della complessità" (pag. 39) parla di "trans—spezione" e Gazda nel suo lavoro dà molta importanza all'empatia. Entrambi, quindi, ribadiscono la necessità, durante un colloquio, di non ridurre la logica dell'altro alla propria logica. Inoltre, ribadendo un concetto già espresso precedentemente, attuando un tipo di ascolto empatico si aumenta la fiducia dell'emittente, che quindi, sarà incoraggiato, da un lato, a proseguire la comunicazione e dall'altro a realizzare, a sua volta, nelle sue relazioni, un tipo di ascolto empatico. Circolarità, quindi, altro concetto che accomuna la "nuova epistemologia" con gli studi psicologici a cui, in questo lavoro, l'abbiamo di volta in volta affiancata.

Abbiamo già visto nella introduzione, che la nuova epistemologia considera la strategia l'unico modo per inoltrarsi entro ciò che è incerto e aleatorio; viene spontaneo affiancare questo concetto all'ipotizzazione di cui parla la Selvini-Palazzoli: "Se il terapista si comportasse in modo passivo, da osservatore, sarebbe la famiglia che, conformemente alla propria ipotesi lineare, potrebbe imporre il proprio procedimento rivolto esclusivamente a designare chi è "matto" e chi è "colpevole", con informazione uguale a zero.

L'ipotesi del terapista, invece, introduce nella famiglia l'input possente del l'inaspettato, dell' improbabile e perciò agisce nel senso dell'informazione, contro il deragliamento e il disordine". ("Ipotizzazione, circolarità...)

Ma tra la nuova epistemologia e la terapia familiare c'è un altro "filo rosso" di notevole importanza: la necessità, sostenuta da entrambi, di reintegrare l'osservatore nel sistema da lui osservato. E qui chiamiamo in causa i lavori di un altro terapeuta familiare, Andolfi, che, rispetto a questa problematica ha dato un notevole contributo, superando una certa rigidità della posizione supra-individuale (quella della Selvini,per intenderci.).

Porgendo l'attenzione all'individuo—terapeuta, alle sue componenti cognitive ed emozionali, l'autore è arrivato:"a studiare il contesto terapeutico come luogo di incontro e di elaborazione di nuove scelte e progetti esistenziali". ("Tempo e mito nella psicoterapia familiare" - Andolfi-pag.18) Questo sarà possibile solo se si realizzerà una struttura triangolare, "l'unica che permette a ciascuno di entrare e uscire dal rapporto, di distanziarsi quel tanto che è necessario per capire che cosa sta succedendo".("Tempo e mito...")

Ancora più in là, Andolfi scrive:"Entrando come terzo polo di triangoli diversi e attivando dall'esterno nuove dimensioni triadiche, il terapeuta costruisce nel divenire del contesto terapeutico una relazione complessa dove, anzichè ridurre la realtà a certi termini già scontati, tende ad accentuare gli elementi di diversificazione e di specificità". ("Tempo e mito.. -pag.21)

Dunque, non occorre una posizione neutrale, da parte del terapeuta, ma egli può mettersi in gioco, senza rinunciare a se stesso.

Seguendo l'impostazione di Andolfi, potremmo, quindi, affermare che l'insegnante, nel momento in cui ha dei contatti con la famiglia di un suo alunno diventa il 3° vertice del triangolo.

2.

Mi sembra necessario, in questa parte conclusiva esplicitare ciò che sottende a tutto il lavoro, e cioè, l'importanza della collaborazione tra scuola—famiglia.

A dimostrazione di ciò vengono in nostro aiuto tutte le Riforme che si sono succedute nella scuola primaria dai Programmi del 1985 e dalla legge 148/1990 ad oggi, che hanno apportato notevoli innovazioni nella scuola elementare.

Nei nuovi Programmi veniva dedicato a questo tema un intero paragrafo della Premessa intitolato "Scuola, famiglia, partecipazione". Vi si afferma,tra le altre cose, che "la scuola elementare riconosce di non esaurire tutte le funzioni educative: pertanto, nell'esercizio della propria responsabilità e nel quadro della propria autonomia funzionale favorisce, attraverso la partecipazione democratica prevista dalle norme sugli organi collegiali, l'interazione formativa con la famiglia quale sede primaria dell'educazione del fanciullo".

In altre parole: la scuola sa di non essere la sola istituzione impegnata nell'educazione, di conseguenza, deve collaborare con la famiglia, dove, peraltro,il bambino riceve la sua prima educazione. L'idea della continuità educativa è l'unica che permetta di far cadere ogni conflittualità tra le varie istituzioni: invece di porsi in una posizione di contrasto o di rivalità, la scuola deve rispettare le scelte educative della famiglia.

In sintesi, la partecipazione è necessaria perchè l'educazione non può essere delegata ad un'unica istituzione, seppur la migliore possibile, sia essa la scuola, la famiglia, altre agenzie educative, fino alla più vasta comunità sociale.

Non si fa educazione senza coinvolgere il soggetto interessato e senza interagire con gli altri soggetti o istituzioni coimplicate. E' in gioco l'unità dell'azione educativa, che va cercata intorno alle idee che accomunino, più che dividere scuola e famiglia.

Nella legge 148, in più articoli, si sottolinea l'importanza della partecipazione della famiglia nella scuola: alla famiglia viene data la possibilità di richiedere la realizzazione, "anche per gruppi di alunni di classi diverse, attività di arricchimento e di integrazione degli insegnamenti curricolari";al Consiglio di Circolo, nel quale sono presenti i genitori,viene affidato il compito di definire le modalità di svolgimento dell'orario delle attività didattiche,scegliendo tra due ipotesi organizzative; alla collaborazione tra genitori ed insegnanti si attribuisce, nel caso di alunni portatori di handicap, il compito di programmare ed attuare progetti educativi personalizzati.

Ma per citare un Documento fondamentale dei giorni nostri si riportano le parole del Ministro Fioroni, nella Premessa alle Nuove Indicazioni per il curricolo del 2007:

"Oltre alle risorse economiche necessarie ed indispensabili esistono altre risorse fondamentali, che consistono nella condivisione del progetto educativo da parte della famiglia e della società. Occorre che il patto tra la scuola e la famiglia diventi l'elemento portante della cornice culturale appena delineata. Non c'è possibilità che la scuola realizzi il proprio compito di educare istruendo senza la condivisione della famiglia. Cercare di educare-istruendo in opposizione o nell'indifferenza della famiglia depotenzia il lavoro che si fa a scuola, genera drop out tra i ragazzi e disagio tra gli insegnanti."

E' importante notare, come in questi supporti legislativi, di volta in volta, si delineino i diversi possibili livelli di collaborazione e partecipazione: si va dall'informazione, alla consultazione, all'elaborazione, alla decisione, all'esecuzione.

Non è detto, naturalmente, che per ogni materia i genitori debbano salire ogni gradino di questa scala.

In sintesi, come non si costruisce una casa senza intese e collaborazioni tra chi rappresenta le diverse istanze interessate, dalla proprietà dei suoli alla committenza, alla progettazione, alla direzione delle varie opere, sulla base delle diverse competenze tecniche , non esclusi gli aspetti giuridici ed economici, così non si può affrontare e risolvere, in termini scientificamente corretti un problema di "costruzione dell'uomo" con vecchi criteri di divisione e di settorializzazione del lavoro.

E' in riferimento a questa prospettiva che trae nuova legittimazione l'imperativo del coinvolgimento delle famiglie nelle scuole, fin dov'è possibile, utile e anche opportuno.

3.

In conclusione, questi i punti nodali affrontati nel presente lavoro:

Complessità

Il rapporto scuola—famiglia è un rapporto complesso che va problematizzato e analizzato da tutte le varie angolature

Conflittualità

La pretesa di "dominare", e il timore di essere dominati, l'idea che gli insegnanti debbono "educare" i genitori o da questi essere "controllati" porta a sommare pericolosamente risentimenti e fantasmi persecutori, il cui effetto si esprime di solito nel tenersi a rispettosa distanza rotta solo da incidenti personali o collettivi di breve durata.

Tutto ciò può essere evitato dando una nuova connotazione alla professionalità dei docenti: non più gelosa preservazione della insindacabile autonomia decisionale, ma capacità di tener conto tutti i progetti educativi, per quanto espliciti o impliciti, e di riuscire a coordinarsi con essi.

Incomunicabilità

La chiave di governo del rapporto scuola-famiglia, anche e soprattutto in questa fase di passaggio dalla "vecchia" alla "nuova" scuola elementare, è costituita dalla comunicazione, cioè dalla circolazione dell'informazione.

Ciò comporta la necessità di prevedere e scandire tempi e spazi del confronto, innanzitutto assegnando all'interno degli impegni di servizio risorse ben più cospicue rispetto a quanto eventualmente non avvenga, agli incontri scuola-famiglia

Formazione

Gli insegnanti, nella maggior parte dei casi, ignorano completamente le strutture, i modelli, le strategie operanti negli intrecci della comunicazione interpersonale

Continuità

La scuola e la famiglia, gli operatori scolastici dovrebbero tenerlo sempre presente, sono due sottosistemi di un unico sistema mantenuto insieme dal bambino, laddove essi entreranno in conflitto si creerà un'inevitabile,quanto dannosa, situazione schizofrenogena per il bambino.

INDICE

BIBLIOGRAFIA

- "La sfida della complessità" a cura ai G. Bocchi e. M. Ceruti

  Feltrinelli - 1985

- "Sviluppo delle relazioni umane" Gazda

- "Ipotizzazione - circolarità - neutralità: tre direttive per la conduzione della seduta"
  Selvini Palazzoli — Boscolo - Cecchin - Prata in "Terapia familiare" — 1980 - n°7

- "Terapia familiare: un modello di sviluppo e una proposta
  di classificazione"
  K. Giacometti

  -"Oltre la scatola nera"
  V. Ugazio

  -"Tempo e mito nella psicoterapia familiare"

  M. Andolfi - Boringhieri -